# L'AMANT

## RIVAL DE SA MAITRESSE,

OPÉRA EN UN ACTE;

*Paroles de* M. HENRION,

Musique de M. Alex. PICCINNI,

*Représenté, pour les premières fois, à Paris, sur le Théâtre de la Porte Saint-Martin, les 22 23 et 24 Brumaire an 12.*

## A PARIS,

Chez Mad. CAVANAGH, ci-devant BARBA, Libraire, sous le nouveau passage du Panorama, N°. 5, entre le Boulevard Montmartre et la rue St.-Marc.

AN XII.

| PERSONNAGES. | ACTEURS. |
|---|---|
| M. MONTCORNET. | Hossard. |
| Mad. MONTCORNET. | Mad. Bellement. |
| SOPHIE. | Mad. Avolio. |
| VALSAIN, sous le nom de Rose. | St.-Hilaire. |

La scène se passe à Paris.

(Le Théâtre représente un Salon).

# L'AMANT
## RIVAL DE SA MAITRESSE.

### SCÈNE PREMIÈRE.
### MONTCORNET, SOPHIE.

SOPHIE

Oui, monsieur, vos procédés me font bien connoître combien il est dur d'être gouverné par un tuteur amoureux.

MONTCORNET.

Mais, ma chère pupille, c'est votre bien que je veux ; la jeunesse est sans expérience, et ne sait ordinairement pas ce qui lui convient.

SOPHIE

Cela se peut, mais je sais bien qu'un tuteur qui m'empêche de faire mes volontés, ne me convient pas du tout.

MONTCORNET

Cependant, sans moi, qu'arriveroit-il dans cette maison ? vous feriez venir ici un jeune écervelé, ce Valsain, renommé à Rouen, qu'il habite, par mille et une folies qu'on a la bonté d'appeler tours de jeunesse. Je ne veux pas de ce mariage, je vous l'ai déjà dit, et je vous le répète une fois pour toutes, je n'en veux pas.

SOPHIE

Mais que vous importe qui j'épouse ?

MONTCORNET

Ah! que m'importe ! il m'importe plus que vous pensez, mademoiselle. Vous savez où j'en suis avec ma femme ; c'est un caractère diabolique ; tous les jours nous avons de nouvelles querelles ; je suis à la veille de demander le divorce pour incompatibilité d'humeur.

SOPHIE

C'est le prétexte ordinaire ; mais que prétendez-vous faire alors ?

MONTCORNET

Vous offrir mon cœur, qui fut toujours libre, avec ma main qui ne sera plus enchaînée.

SOPHIE

Comment osez-vous l'espérer. Me croyez-vous assez peu

délicate pour vouloir d'un homme qui auroit en ma présence rompu le nœud le plus sacré. Nous ne vivons pas en meilleure intelligence, vous et moi, que vous ne le faites avec madame Montcornet, et si nous étions époux, cette incompatibilité de caractère, que vous lui reprochez, seroit vraiment plus réelle. J'aime à rire, vous aimez à gronder ; j'aime la dépense, vous me refusez jusqu'au nécessaire ; j'aime le bal, et vous voulez vous coucher de bonne heure ; je veux être mise élégamment, vous criez sans cesse contre la mode. Vous voyez, monsieur, que mes goûts et mon caractère sont tout-à-fait opposés aux vôtres.

MONTCORNET

Eh bien ! je changerai pour vous plaire : je vais devenir prodigue, je prendrai un maître à danser, et j'aurai dès demain une perruque et un frac dans le dernier goût.

SOPHIE

N'en faites rien, monsieur, vous n'en deviendrez que plus ridicule, sans parvenir à me plaire davantage.

MONTCORNET

Voilà comme sont les jeunes filles, elles se montent la tête pour un rien. ( *A part.* ) Mais je m'apperçois que je ne suis qu'un sot. Ce n'est pas après avoir contrarié les femmes qu'il faut leur demander quelque chose. ( *Il sort.* )

## SCENE II.
SOPHIE, *seule*.

Qu'une orpheline est à plaindre !... Sa faiblesse a besoin d'appui, et par-tout elle ne trouve que des oppresseurs. Un air de jeunesse, quelque fraîcheur, un peu de vivacité dans les traits, en voilà beaucoup plus qu'il en faut pour séduire un tuteur et lui faire tourner la tête.

Air :

Un tuteur
Me semble un être bizarre ;
Son humeur
Est sombre, jalouse, avare.
De nos jours
C'est vainement qu'il dispose,
Les amours
Nous font remporter la cause.

On voit l'hiver et ses rigueurs,
Pour exiler nos hirondelles ;
Pour tourmenter les tourterelles,
Il existe au bois des chasseurs ;
Pour enfermer les jeunes filles,
La ruse inventa des verroux ;

Mais pour ennuyer les pupilles,
Rien n'égale un tuteur jaloux.
Pauvrettes, dès l'enfance,
Pour nous tout est souffrance.
Un tuteur, etc.

Mon père, en mourant, a remis tous ses droits à M. Montcornet, et dans la crainte que je ne fisse quelqu'étourderie, je ne puis me marier avant d'avoir atteint l'âge de vingt-un ans, et sans son consentement. Depuis que je suis chez lui, je lui ai vainement parlé de Valsain, qu'il refuse sans le connaître, parce qu'il a l'espoir de m'épouser ; Valsain, que j'ai instruit de tout, m'écrit que je ne sois surprise de rien, qu'au moyen d'un déguisement dont il se servira, il espère en venir à ses fins ; qu'il prend la poste, et qu'il compte arriver ici à-peu-près en même tems que sa lettre. Il est si étourdi, que je tremble sur ce qu'il entreprendra ; la première idée qu'il lui sera venue est celle qu'il aura suivie, sans s'inquiéter des résultats ; je le connois. J'entends du bruit... Si c'étoit lui... Mais non, c'est une femme en habit de voyage. Elle vient... Ô ciel ! me trompé-je ? c'est lui, c'est Valsain.

## SCENE III.
VALSAIN, *en fille*, SOPHIE.

### VALSAIN
Que je suis aise de te revoir, ma chère Sophie.

### SOPHIE
Mais d'où vient ce déguisement ? Fais-moi part de tes desseins.

### VALSAIN
Tes lettres m'ayant appris que non-seulement ton tuteur ne consentoit pas à notre union, mais encore qu'il ne vouloit pas me recevoir chez lui, je me suis muni d'une lettre très-flatteuse à son égard ; que j'ai faite moi-même, et que j'ai supposée être d'un certain Dupuis, que je sais qu'il a connu à Rouen : cet ami, que je fais parler, l'engage à me recevoir chez lui en qualité de pupille, voilà pourquoi tu me vois en femme.

### SOPHIE
J'ai bien peur qu'il te refuse ; d'abord, il n'est pas crédule.

### VALSAIN
Suis-je si mal sous ces habits, et ma tournure ne parle-t-elle pas un peu en ma faveur ?

### SOPHIE

Et puis son épouse est vieille, coquette, amoureuse, jalouse et acariâtre; tu vois, mon ami, qu'avec une femme d'un tel caractère, on ne sait trop sur quoi compter dans une maison.

### VALSAIN

M'y voici toujours arrivé, je m'y établis; le hasard fera le reste. Vas prévenir M. Montcornet qu'une jeune dame veut lui parler, c'est le moyen de lui donner de l'empressement; j'ai pris le nom de Rose, ne l'oublie pas, et garde-toi de me trahir.

### DUO.

#### SOPHIE

Je vais prévenir le tuteur
Qu'ici mademoiselle Rose,
 Avec pudeur,
 Avec candeur,
Pour sa pupille se propose.

#### VALSAIN

L'amour qui de mon cœur dispose,
Conduit seul mes pas en ces lieux.

#### SOPHIE

Amour, fais-nous gagner la cause
Sur un tuteur jaloux et vieux.

#### VALSAIN

Au sein d'un fortuné ménage,
Bientôt nous passerons nos jours.

#### SOPHIE

Dans les liens du mariage
Nous saurons fixer les amours.

#### Ensemble.

Je vais } prévenir le tuteur,
Tu vas }
Qu'ici mademoiselle Rose,
 Avec pudeur,
 Avec candeur,
Pour sa pupille se propose.

(*Sophie sort.*)

## SCÈNE IV.

### VALSAIN, *seul.*

Profitons du moment que j'ai pour me recueillir. M. de Montcornet va arriver, je lui présente une lettre de ma façon, il croit y reconnoître le style de M. Dupuis, que je n'ai jamais vu, mais que je n'en fais pas moins parler. Il m'envisage sous ce costume, croit me découvrir des grâces, car un tuteur est ordinairement un homme borné qui juge des choses par leurs noms et des gens par leur habit.

## SCENE V.
## VALSAIN, MONTCORNET.

MONTCORNET

Je vous demande bien des pardons, mademoiselle, si je vous ai fait attendre; qu'y a-t-il pour votre service?

VALSAIN

Monsieur, vous voyez en moi une jeune orpheline, qui seroit bien malheureuse, sans l'intérêt que votre ami, M. Dupuis, m'a assuré que vous inspireroit sa situation.

MONTCORNET

M. Dupuis, de Rouen?

VALSAIN

Oui, monsieur.

MONTCORNET

Il vit donc encore?

VALSAIN

Oui, monsieur, puisqu'il vous écrit.

MONTCORNET

Comment, il m'écrit? mais nous sommes brouillés ensemble depuis plus de dix ans.

VALSAIN, à part.

O facheux contretems que j'ignorois. (*Haut*) il n'est pas rancuneux.

MONTCORNET

Son caractère serait donc bien changé depuis quelques années.

VALSAIN

Oh! il n'est plus reconnoissable : si vous le voyiez, à présent, c'est l'homme du monde le plus rangé; il passe sa vie à économiser.

MONTCORNET

Vous ne le conniossez donc pas de vieille date; c'est un ladre si jamais il en fut, et il n'est pas du tout changé en restant avare.

VALSAIN

Je l'ai très-peu connu; mon père, auquel il a sauvé la vie en se battant pour lui, m'en a beaucoup parlé.

MONTCORNET

Allons, ma chère, vous déraisonnez. Dupuis se battre!... C'étoit le plus poltron de tous les hommes, un enfant l'aurait fait fuir.

VALSAIN, *à part.*

Je ne sais comment me tirer de-là. ( *Haut.* ) Il est possible, monsieur, que je me sois trompé sur son compte; les jeunes filles ont si peu de discernement, qu'elles ne savent pas toujours apprécier...

MONTCORNET

Les vieillards, et beaucoup trop les jeunes gens.

VALSAIN

Je ne suis point de ce caractère, et je vous jure bien que je n'aime pas du tout ces jeunes étourdis qui prennent leur audace pour de l'assurance, leur babil pour de l'esprit, et leur habit pour du mérite.

MONTCORNET, *à part.*

Elle raisonne juste.

VALSAIN

Je préfère un homme raisonnable, entre deux âges, comme vous, par exemple.

MONTCORNET, *à part.*

Je ne m'étois pas trompé, elle a du bon sens.

VALSAIN

Dont l'esprit a encore les fleurs du printems, et dont la raison jouit déjà des fruits de l'automne.

MONTCORNET

Vous m'enchantez par vos discours, et je sais un gré infini à M. Dupuis de m'avoir procuré l'occasion de vous voir.

VALSAIN

Voici la lettre qu'il m'a chargé de vous remettre, et à laquelle j'ose espérer que vous voudrez bien faire droit.

MONTCORNET, *prenant la lettre.*

Je n'ai plus rien à vous refuser; voyons ce qu'il m'écrit:

( *Il lit.* )

*DUO.*

MONTCORNET

« Le père de Rose est mort. »
Ma chère quel triste sort !
« Cette belle
Demoiselle,
Sans appui, sans soutient,
Craint
Pour son cœur novice encore
De la part d'un séducteur;
Des attaques qu'elle ignore :
Mon ami, je vous implore,
Pour mieux garder son cœur
D'être en ce jour son tuteur. »

J'en suis fâché, mais en honneur,
Je ne le puis, ma chère.

VALSAIN
Ayez pitié de mon malheur,
Tenez moi lieu de père.

MONTCORNET
Tous mes appartemens sont pris,
Je n'ai plus de place.

VALSAIN
Un petit coin dans le logis ;
Je le demande en grace.

MONTCORNET, *continuant de lire.*

« Pour Rose n'épargnez rien,
Sa fortune est considérable ;
Je veux qu'elle soit bien,
Qu'elle ait voiture et bonne table ;
Et vos comptes au préalable,
Par moi seront soldés argent
Comptant. »

De vous loger je crois pourtant
Qu'il me sera possible.

VALSAIN
Ah ! qu'il m'est doux dans ce moment
De vous trouver sensible.

VALSAIN
Je puis donc espérer ; monsieur..

MONTCORNET
Dupuis m'e prie avec trop d'instance, et vous êtes trop recommandable par vous-même, mademoiselle, pour que je ne m'empresse pas à saisir l'occasion d'avoir l'honneur de vous tenir lieu d'un second père, ou pour mieux dire, d'un ami qui vous aidera de ses conseils.

VALSAIN
Dont je saurai bien profiter.

MONTCORNET
Vous pouvez dès à-présent regarder ma maison comme la vôtre : j'ai une autre pupille fort intéressante, ainsi je veux que vous fassiez sa connaissance ; mais en attendant, je crois qu'il est dans l'ordre que vous rendiez visite à mon épouse ; elle est dans son appartement.

VALSAIN
J'y vole, puisse-t-elle me recevoir aussi bien que vous faites !

MONTCORNET
C'est-à-dire aussi bien que vous le méritez. Pourtant,

2

( 10 )

j'en doute, car elle a l'humeur si revêche et jalouse, qu'on a beaucoup de peine à vivre avec elle.

VALSAIN.
Je ferai mon possible pour lui plaire. ( *Il sort.* )

## SCENE VI.

MONTCORNET, *seul.*

Elle est ma foi tout-à-fait bien, et cette pupille-là me fera honneur, je l'espère. D'ailleurs, il est toujours avantageux d'avoir plusieurs cordes à son arc. Si ma femme continue de me faire enrager, je serai forcé de rompre nos liens. Alors je veux me remarier : Sophie est bien mon affaire, mais la résistance qu'elle a toujours apportée à cet hymen m'effraie; Rose me paroît plus digne d'un homme tel que moi, et il est probable que si la première m'échappe, la seconde me restera.—

*Air.*

Si mon amour près de la brune
Se trouve reçu froidement,
Si ma tendresse l'importune,
Je trouve la blonde à l'instant ;
   C'est charmant ! c'est charmant !

Si lorsque j'en compte à la blonde,
Elle se rit de mon tourment,
Pour calmer ma douleur profonde,
Je trouve la brune à l'instant ;
   C'est charmant ! c'est charmant !

Mon Dieu ! qu'apperçois-je ! c'est ma femme !

## SCENE VII.

M. ET Madame MONTCORNET.

Mad. MONTCORNET
Vous faites donc encore des vôtres, monsieur mon mari, me croyez-vous femme à souffrir que vous établissiez un.... troupeau de jeunes filles dans ma maison.

M. MONTCORNET
Là, tout doux, madame Montcornet, ne vous emportez pas comme de coutume, cela pourroit nuire à votre santé.

Mad. MONTCORNET
Répondez perfide, pourquoi cette nouvelle créature est-elle ici ?

MONTCORNET
C'est une demoiselle fort riche, que l'on m'envoie pour soigner son éducation ; c'est une affaire d'or, vous dis-je.

### Mad. MONTCORNET
Sornettes que tout cela ; une demoiselle fort riche, ne choisit pas un tuteur fort pauvre.

### MONTCORNET
C'est mon mérite qui m'a fait distinguer ; c'est à la réputation dont je jouis, que je dois l'honneur du choix.

### Mad. MONCORNET
Votre réputation... Mais j'enrage, quand vous me dites ces choses-là,.... un homme qui néglige sa femme, qui vit mal avec elle, peut-il avoir de la réputation.

### MONTCORNET
Et sans le tort que vous me faites chaque jour dans le quartier, par votre bavardage continuel, vos commérages et vos propos indiscrets, je ne doute pas que quelques grand seigneur étranger ne me fît appeler pour régenter ses demoiselles.

### Mad. MONTCORNET
Peut-on pousser plus loin l'orgueil et le délire...... Allez, quelques soient vos intentions secrètes, je saurai les déjouer, dès ce soir Rose sortira d'ici, et Sophie ne tardera pas à la suivre.

### MONTCORNET
Moi manquer au devoir de l'hospitalité, oublier les engagemens que j'ai pris avec le père de Sophie ; exposer deux jeunes filles à des dangers, non madame, non je n'y consentirai jamais. Je suis chargé de leur éducation....

### Mad. MONTCORNET
Et vous les édifiez chaque jour sur le mariage, en me querellant.... Pensez-vous en faire des femmes douces avec de tels exemples ?

### MONTCORNET
Je sais bien que si elles vous prennent pour modèle....

### Mad. MONTCORNET
C'est trop lasser ma patience, je cours mettre Rose à la porte.

### DUO.
### MONTCORNET.
Non, vous dis-je, madame,
Sur mon ame,
Rose restera.

### Mad. MONTCORNET.
Monsieur, de ma demeure,
Dans une heure,
Rose partira.

MONTCORNET
Mais, ma chère épouse,
Vous êtes jalouse.

Mad. MONTCORNET
Oui, je suis jalouse.

MONTCORNET.
De voir à la maison
Une pupille jolie.

Mad. MONTCORNET
N'ai-je donc pas raison
De voir de la jalousie.

MONTCORNET     Mad. MONTCORNET
D'avoir à la maison, etc.   N'ai-je donc pas raison, etc.

*Ensemble.*
Cessez, cessez ce ton,
Ou craignez ma juste colère ;
Je serai j'espère
Le maitre dans ma maison.

## SCENE VIII.

Mad. MONTCORNET *seule.*

Que diroit-on de moi, si je toléroit un pareil abus.... Souffrir deux pupilles à mon mari.... Oh! non, non, je connois trop bien son caractère entreprenant... Mais grâce à ma sage prévoyance, il n'arrivera rien de fâcheux; précisément voici Rose, annonçons-lui notre résolution.

## SCENE IX.

Mad. MONTCORNET, VALSAIN.

Mad MONTCORNET.
Je vous cherchois Rose, j'ai beaucoup de choses à vous dire.

VALSAIN
Vous me trouverez toujours prête, madame, à vous entendre, attentive à vous écouter, et docile à profiter de vos conseils.

Mad. MONTCORNET (*à part.*)
Je ne m'attendois pas à la trouver si bien élvéée; (*haut*) vous m'avez inspire un vif intérêt.

VALSAIN
Que je tâcherai de mériter.

Mad. MONTCORNET
Mais des circonstances particulières me forcent à vous renvoyer.

VALSAIN
Déjà madame.... quand il m'eût été si doux de vous connaître, si avantageux, de vous prendre pour modéle....

Mad. MONTCORNET *à part.*

La pauvre enfant !.. Elle me touche en honneur ; (*haut*) vous partirez.

VALSAIN

Si je pouvois espérer de rester auprès de vous, un ou deux jours encore.

Mad. MONTCORNET *à part.*

Elle aime singulièrement ma maison. (*Haut*) à quoi cela vous mèneroit-il ?

VALSAIN

A voir.... *à part*, j'allais me trahir ; (*haut*) à voir une personne qui m'est bien chère.

Mad. MONTCORNET *à part.*

Où en voudrait-elle venir... Faisons-là jaser.... *Haut*, l'amour est bien puissant !

VALSAIN

Oh ! je vous en réponds !

Mad. MONCORNET *à part.*

J'ai de singuliers soupçons, (*haut*) il a souvent fait entreprendre des choses.

VALSAIN

Bien téméraires....

Mad. MONTCORNET *à part.*

Cela s'éclaircit, (*haut*) je connois tous les tours des amans.... Je sais ce qu'on a fait pour me toucher.

VALSAIN *à part.*

Auroit-elle deviné qui je suis... Changeons de conversation. (*Haut*) monsieur votre époux m'avait d'abord accueillie.

Mad. MONTCORNET

Les habits que vous portez ont pu le séduire... Mais moi, je ne m'en rapporte pas aux apparences ; j'ai un certain tact.

VALSAIN

Quoi ! madame, vous sauriez...

Mad. MONCORNET

Je l'ignorais, je le devine... vous êtes un amant déguisé.

VALSAIN

Quelle imprudence j'ai faite...

Mad. MONTCORNET

Elle est grande, je le sais... Mais ne craignez rien, quoiqu'au fond je n'approuve pas l'amour que je vous ai inspiré.

VALSAIN *à part.*

Quelle méprise... profitons-en.

Mad. MONTCORNET.

Je me garderai bien d'en rien laisser savoir à M. Montcornet.

VALSAIN

Vous me rendez la vie.

Mad. MONTCORNET

C'est un jaloux, un brutal, un vieil entêté.. Mais comme c'est mon mari, et que nous sommes forcés de bien vivre ensemble, je me garderai de vous dire ses défauts.

VALSAIN

Je suis sûr qu'il ne sent pas tout le prix d'une épouse aussi accomplie.

Mad. MONTCORNET

Dans son aveuglement, ne va-t-il pas jusqu'à me menacer du divorce.

VALSAIN

O ciel! madame, que m'apprenez-vous... Est-il possible de désirer d'autres nœuds quand une fois on a le bonheur de vous connoître.

Mad. MONTCORNET

Il est dans ce monde des ingrats, et mon époux est de ce nombre ; mais je veux que vous m'aidiez à me venger.

VALSAIN

Aussi bien, j'ai beaucoup à me plaindre de lui.

Mad. MONTCORNET

Je parie, que trompé par l'habit que vous portez, il a déjà...

VALSAIN

Essayé de me conter fleurette...

Mad. MONTCORNET

Le perfide!... Mais le voici... Retirez-vous, il pourroit s'appercevoir de quelque chose, et cela dérangeroit nos projets.

VALSAIN

Je sors, et mets tout mon espoir en vous.   *Il sort.*

---

## SCENE X.

### M. ET Mad. MONTCORNET

MONTCORNET

Je viens de faire de sages et sérieuses réflexions, madame, et plus j'examine l'état des choses, et plus je trouve qu'il est indispensable que nous nous séparions.

#### Mad. Montcornet
Vous parlez de réflexions... J'en faisois aussi de mon côté... (*à part*,) voyons le venir.

#### Montcornet
La scène indécente que vous m'avez faite ce matin, au sujet de Rose, la manière dure et presque barbare avec laquelle vous avez voulu la mettre à la porte, en me forçant à partager cette action coupable, ne me permettent pas de rester plus longtems avec vous.

#### Mad. Montcornet
Que dites-vous, mon cher époux... Moi, mettre Rose à la porte, mais vous n'y pensez pas je vous assure.. Ce que j'en ai fait n'étoit que pour vous éprouver... Je l'aime comme si elle étoit ma propre fille, et maintenant que je sais... tout l'attachement que vous lui portez, elle restera toujours ici.

#### Montcornet *à part.*
Quel changement subit.. (*haut*) Mais d'où vient ce prompt retour ?

#### Mad. Montcornet
L'envie de vous être agréable.

#### Montcornet *à part*
Elle a peur de me perdre, ce que c'est que de parler ferme... (*Haut*) j'aime à vous voir raisonnable.

#### Mad. Montcornet
Vous plaire désormais sera toute mon étude.

#### Montcornet *à part*
Diable m'emporte si je sais ce que cela veut dire.

#### Mad. Montcornet
Et pour vous le prouver, je vais au devant de Rose.

*Elle sort.*

## SCENE XI.
#### Montcornet *seul*
Qui pourra jamais m'expliquer la bisarrerie, le caractère des femmes... Elles veulent, puis elles ne veulent plus... Tour à tour sensibles, altières ou coquettes, elles ne se lassent pas de se faire aimer et de nous tracasser...

## SCENE XII.
### MONTCORNET, VALSAIN,
#### Valsain
Je viens vous demander, monsieur, si l'on se joue de moi dans cette maison.

MONTCORNET

Je vous fais mes excuses, mademoiselle, sur tout ce qui s'est passé, il n'y a point du tout de ma faute.

VALSAIN

Je ne comprends rien à tout ce qui m'arrive ; il n'y a qu'un instant, madame votre épouse me chassoit.

MONTCORNET

C'étoit bien contre mon gré.

VALSAIN

Et vous souffririez qu'on me fît cette insulte. J'étois loin de m'attendre, après tout le bien qu'on m'avoit dit de vous, et que vous m'aviez d'abord inspiré, à vous trouver aussi insensible sur le sort d'une jeune fille.

MONTCORNET, à part.

O méchante femme !

VALSAIN

Cette conduite ne répond pas du tout à la bonne réputation dont vous jouissez. Mais malgré l'humiliation que j'ai reçue, et la jalousie de madame votre épouse, je resterai.

MONTCORNET

Oui, ce n'est que la jalousie de mon épouse qui est cause de ce qui s'est passé.

VALSAIN, à part.

Bon ; il donne dans le piège : amenons-le adroitement à nos fins.

MONTCORNET

Mais je l'ai bien fait revenir sur votre compte... J'ai montré une fermeté qu'elle étoit loin de prévoir. O ! elle a bien été obligée de céder.

VALSAIN, à part

Comme il ment. (*Haut.*) Que d'obligations.

MONTCORNET

C'est une femme terrible que madame Montcornet.

VALSAIN

On parloit beaucoup de votre séparation avec elle.

MONCORNET

Je crains d'être forcé d'en venir là un jour.

VALSAIN

Je soupçonne que ce seroit déjà fait si vous aviez la certitude d'épouser cette demoiselle que j'ai vue ici ; qui d'ailleurs paroît fort aimable.

MONTCORNET à part

Où veut-elle en venir. (*Haut.*) J'y avois bien pensé quelquefois ; mais beaucoup de gens raisonnables m'ont fait entrevoir que c'étoit une extravagance.

VALSAIN

Mais non pas tant.

MONTCORNET

Et puis, il faut que je l'avoue votre présence en cette maison.

VALSAIN

Eh-bien !

MONTCORNET

A diablement dérangé mes projets.

VALSAIN

Comment donc ça ?

MONTCORNET

Vous êtes jeune, Rose...

VALSAIN

Monsieur, j'ai dix-huit ans.

MONTCORNET

Vous êtes jolie...

VALSAIN

Vous êtes trop bon assurément, vous me flattez.

MONTCORNET

Non, je vous jure ; j'ai même conçu un projet en vous voyant pour la première fois.

VALSAIN

Un projet sur moi, monsieur, et quel est-il, s'il vous plait ?

MONTCORNET

Oh ! je ne puis y résister davantage, tant de naïveté me touche, et tant de candeur me charme. Il faut, je dois vous dire, mon adorable Rose, que si vous voulez consentir à m'accorder votre main après mon divorce futur, je serai l'homme du monde le plus heureux.

VALSAIN.

Vous me trompez, monsieur ; je ne puis croire à une pareille ardeur ; vous aimez mademoiselle Sophie.

MONCORNET

Je l'aimois il est vrai, mais votre présence en ces lieux a détruit l'enchantement. Sophie est belle à la vérité, mais elle n'a pas comme vous un heureux caractère qui fait le charme des amours : sans cesse elle me rebute, et je ne trouverois de différence entre elle et madame Moncornet que le plaisir d'être tourmenté par une autre. Il n'en sera pas de même avec vous, aimable Rose. Vos volontés qui seront toujours raisonnables, régleront les miennes : une douce paix sera l'heureux fruit de cette tendre union.

3

VALSAIN

Vous embellissez l'avenir et vous auriez l'art de me persuader si je n'avois des craintes. Votre Sophie me paroît une rivale dangereuse.

MONTCORNET

Vous n'en devez craindre aucune.

VALSAIN

On m'a dit que les hommes sont si trompeurs.

MONTCORNET

Vous êtes trop jolie pour en rencontrer jamais. Consentez à ce que je vous demande.

VALSAIN

J'ai trop peur que votre amour ne soit pas véritable, et Sophie.

MONTCORNET

Que puis-je faire pour vous convaincre ?

VALSAIN

Ce seroit peut-être trop exiger.

MONTCORNET

Non, parlez.

VALSAIN

Si vous faisiez par écrit une renonciation à la main de ma rivale, je ne trouverois plus d'obstacles à vous engager ma parole.

MONTCORNET

N'est-ce que cela, vous allez l'avoir à l'instant même.
(*Il se met à écrire.*)

VALSAIN, *à part.*

Amour ! fais que je punisse un époux ingrat, que je venge une femme outragée, et que j'obtienne la plus aimée des maîtresses.

MONTCORNET

Voici la preuve de ma sincérité ; en vous remettant cet écrit, qu'un doux baiser soit le gage de notre amour.

VALSAIN, *prenant le papier.*

Ah ! petit fripon, puis-je vous le refuser.

(*Montcornet lui baise la main. Madame Monteornet les surprend et se met à rire. Valsain l'apperçoit et se sauve.*)

## SCENE XIII.
### M. ET Mad. MONTCORNET.

MONTCORNET

O ciel ! ma femme en ces lieux !
De ce baiser que dira-t-elle !

Mad. MONCORNET

C'est donc vous époux infidèle,
Qui trahissez les plus doux nœuds ?
Je vous ai vu près d'une belle :
A ses genoux,
Que faisiez-vous ?

MONTCORNET

Ma femme, appaisez ce courroux.

Mad. MONTCORNET

Epoux volage
Qu'un autre engage,
Je vous punirai tous.

| MONTCORNET | Mad. MONTCORNET |
|---|---|
| Elle est fort en courroux ; | Il croit à mon courroux ; |
| O ! malheureux époux, | C'est le sort des époux |
| Oui, c'en est fait de nous. | D'être dupes de nous. |

## SCÈNE XV.
Les Mêmes, SOPHIE.

SOPHIE

Je viens vous remettre
A chacun une lettre.

Mad. MONTCORNET

Mais je n'en attendois pas.
N'importe, lisons tout bas.

*TRIO.*

MONTCORNET

« Pour m'unir à l'objet qui m'engage,
L'amour en comblant mon espoir,
Tout bas me dit qu'en mariage,
Monsieur, à vous je serai dès ce soir »

C'est imprudent, ma femme peut le voir.

SOPHIE

C'est imprudent, sa femme peut le voir.

Mad. MONTCORNET

« Pour m'unir à l'objet qui m'engage,
L'amour en comblant mon espoir,
Tout bas me dit qu'en mariage,
Madame, à vous, je serai dès ce soir »

C'est imprudent, mon mari peut le voir.

SOPHIE

C'est imprudent, son mari peut le voir.

*Ensemble.*

C'est imprudent, etc.

MONTCORNET, *continuant de lire.*

« Préparez la douce ambroisie
Sous les auspices de l'hymen ;
Qu'à la table la mieux servie
On se retrouve à boire au lendemain. »

Mais je ne puis encor donner ma main.

#### SOPHIE
Mais il ne peut encor donner sa main.
#### Mad. MONCORNET
« Préparez la douce ambroisie, etc.

Mais je ne puis, etc.
#### SOPHIE
Elle ne peut, etc.
##### Ensemble.
Mais je ne puis, etc.
Mais il ne peut, etc.
#### MONTCORNET
« Comptez sur mon amour extrême,
Et qu'au vôtre il ne manque rien,
Tous deux doivent penser de même
Lorsque l'on prend ce fortuné lien.

Sans mon épouse. ah! que je serois bien.
#### SOPHIE
Oui, Montcornet sans elle seroit bien.
#### Mad. MONTCORNET
« Comptez sur mon amour extrême, etc.

Sans mon époux, etc.
#### SOPHIE
Sans son époux, ah! qu'elle seroit bien.
##### Ensemble.
Sans son époux, etc.
Sans mon époux, etc.
Sans mon épouse, etc.
#### MONTCORNET
Fort bien! Mlle. Rose est de parole.
#### Mad. MONTCORNET à part.
Le jeune homme est pressé.
#### SOPHIE
Si on repasse pour savoir la réponse, que dirai-je.
#### MONTCORNET
Rien.
#### Mad. MONTCORNET
Rien pour le moment. *Sophie sort.*

---

### SCENE XV.
#### M. ET Madame MONTCORNET.
#### MONTCORNET à part.
Si je pouvois, sous quelque prétexte.
#### Mad. MONTCORNET à part.
Mon mari est gourmand...
#### MONTCORNET, à part.
Ma femme est friande..

Mad. MONTCORNET *à part.*
Oui, mais il est avare.

MONTCORNET *à part.*
Ma foi, hasardons la proposition. (*Haut*) Ma petite femme.

Mad. MONTCORNET *à part.*
Il le prend sur un ton bien doux.

MONTCORNET
Nous nous sommes querellés tout-à-l'heure...

Mad. MONTCORNET
Bien injustement... Il est bien affligeant pour moi, que de pareilles scènes arrivent si souvent à la maison.

MONTCORNET
Il ne tiendroit qu'à vous de vivre avec moi dans la plus parfaite union.

Mad. MONTCORNET
Qui le désire plus ardemment que votre moitié?

MONTCORNET
Nous devrions faire la paix, une bonne foi pour toutes.

Mad MONTCORNET.
Ce seroit bien mon avis, mais il faudroit que:...

MONTCORNET
Que cette paix fût cimentée, par un bon repas, un souper par exemple.

Mad. MONCORNET
Oui, mais il ne faudroit pas le différer.

MONTCORNET
Ce soir.

Mad. MONTCORNET
Soit, ce soir.

MONTCORNET *à part.*
Bon! Rose sera satisfaite.

Mad. MONTCORNET *à part.*
C'est charmant!... Je serai en état de recevoir Valsain.

MONTCORNET
me charge du vin.

Mad. MONTCORNET
moi des autres détails.

MONTCORNET *à part.*
Tâchons à présent de trouver un prétexte pour l'éloigner d'ici.

Mad. MONTCORNET *à part.*
Quand tout sera prêt, je lui ferai rappeler qu'il est attendu chez M. Gérard.

## SCENE XVI ET DERNIERE.
Les Précédens, VALSAIN *en homme.*

Mad. MONTCORNET *à part.*

Déjà, Valsain.. Je tremble de notre imprudence.

### MONTCORNET
Que nous veut monsieur ?

### VALSAIN
Je suis monsieur, l'un des principaux convives invité à la nôce de ce soir.

### MONTCORNET *à Valsain.*
Parlez bas... vous êtes devant ma femme... Vous connoissez donc mademoiselle Rose.

### VALSAIN *faisant l'étonné.*
Mademoiselle Rose... Mais non.... De qui voulez-vous parler.

### MONTCORNET
Quoi ! ce n'est pas elle...

### VALSAIN
Qui m'a invité... Non assurément, je viens pour ma nôce avec mademoiselle Sophie.

### MONTCORNET
Allez mon ami, vous êtes fou...

### Mad. MONTCORNET *a part.*
Voyez un peu s'il s'occupera de moi, les jeunes gens d'à-présent sont bien peu galans, même le jour qu'ils pensent épouser.

### MONTCORNET, *à Valsain.*
Monsieur, la plaisanterie est hors de saison ; mademoiselle Sophie est ma pupile, le testament de feu son père me donne le droit de lui choisir un époux ; vous m'êtes inconnu, ce n'est point vous que j'agrée, ainsi, monsieur, j'espère que vous ne vous ferez point réitérer l'invitation de sortir d'une maison...

### VALSAIN
D'où j'ai le droit d'emmener une épouse.

### Mad. MONTCORNET *( à part.)*
C'est bien hardi de vouloir m'enlever aux yeux de mon mari.

### VALSAIN, *a Montcornet.*
Vous n'avez pu refuser à mademoiselle, ce que vous n'eussiez point accordé à Valsain. Vous avez cru lui faire un sacrifice, en renonçant à la main de Sophie ; reconnoissez en moi votre amante et votre rival.

MONTCORNET.
Je vous ferai bien repentir...
VALSAIN
Du silence; je puis dévoiler votre conduite à madame votre épouse.
MONTCORNET
Mais, monsieur...
VALSAIN
Consentez à mon mariage, ou je parle.
Mad. MONTCORNET, *à Valsain, qu'elle tire à part.*
Monsieur, je vois que je me suis méprise; vous n'excitez plus que ma colère, sortez d'ici où je ferai un éclat.
VALSAIN
Craignez plutôt que ce soit moi qui en fasse un; je puis tout dire à M. Montcornet.
Mad. MONTCORNET
O ciel! qu'elle fâcheuse circonstance!
VALSAIN *à Montcornet.*
Eh bien! monsieur, dépêchez-vous ou je vais tout dire.
MONTCORNET.
Je vois bien que je suis joué.
VALSAIN
Eh bien! consentez.
SOPHIE
Mon tuteur, laissez-vous toucher.
VALSAIN
La présence de Sophie dans cette maison étoit un sujet de jalousie pour madame. Vous faisiez mauvais ménage avec elle; que Sophie en fasse un bon avec moi, le vôtre en deviendra meilleur, et nous gagnerons tous quatre à cet arrangement.
MONTCORNET
Oublions tout, puisqu'il le faut
Mad. MONTCORNET
Et que le repas commandé soit véritablement celui de nos

*Chœur.*
Il faut pour être heureux toujours
Aimer l'objet qui nous engage
Etre fidèle en ses amours.
Et confient dans son ménage.

De l'Imprimerie de HOCQUET et Comp., rue St.-Lazare, N°. 110, Maison Ruggieri.

On trouve chez le même Libraire :

Le dernier Chapitre de mon Roman, deuxième édition, 1 vol. fig. 1 l. 10 s.

Ludoff d'Assen, ou l'Enthousiaste corrigé, 3 vol. 5 l.

Athanaïse, par l'auteur d'Irma, 4 v.  7 l. 10 s.

Le Peintre de Saltzbourg, par Nodier, auteur des Proscrits, 1 v. fig. 1 l. 10 s.

*in-*18., *avec figures et portraits.*

Grivoisiana, recueil facétieux, par Martinville.

Brunétiana, ou Calembourgs comme s'il en pleuvoit, avec le portrait de Brunet dans Jocrisse.

* Angotiana, ou calembourgs de Mad. Angot, suite du Brunétiana, avec le portrait de Corsse.

Guères de trois, suite des 2 vol. précédens.

Merdiana, ou Manuel des Chieurs, suite de l'Almanach des Gourmands, 2e. édition.

Cricriana, avec les acéties du sieur Turpin dédié à Tiercelin, avec son portrait et celui de Brunet dans Cri-Cri.

Éloge du Sein des femmes, 2e. édition 1 v. fig.

Rencontre au foyer Montansier (la), 1 v. fig.

Amours de Manon la Ravaudeuse et de Michel Zéphir, avec le portrait de Brunet dans Manon en Zéphir. 1 vol. Vient de paroître.

Esprit de Paris, ou recueil des phénomènes, aventures, etc. qui se sont passés depuis l'an 10 jusqu'à ce jour.

Tous ces vol. se vendent par collection, 15 s. le vol.

## *Pièces de Théâtre.*

L'Amant rival de sa Maîtresse; Clémence Isaure, ou les Jeux Floreaux; les Charbonniers de la Forêt Noire; Cric-Crac, ou l'Habit du Gascon; Jean-Bart; Manon la Ravaudeuse; la Mode ancienne et la Mode nouvelle; le Mot de l'Enigme; Seringa, ou la fleur des Apothicaires; Un et Un font Onze; la Vielleuse du Boulevard.

www.ingramcontent.com/pod-product-compliance
Lightning Source LLC
Chambersburg PA
CBHW060613050426
42451CB00012B/2232